Bernd Römmelt

Herrliches
Alpenvorland

Bernd Römmelt

Herrliches
Alpenvorland

Paradies im Süden Deutschlands

rosenheimer

Inhalt

Vorwort

Alles begann an einem eisigen Morgen im Dezember 2001. Jahrelang war ich um die ganze Welt gereist, um fremde Länder und Kulturen mit meiner Kamera einzufangen. Oft aber war ich von den Ergebnissen meiner fotografischen Arbeit enttäuscht, verglich ich doch immer meine Bilder mit denen der vor Ort heimischen Fotografen. Selber dort zu fotografieren, wo ich zu Hause bin, meinen Heimvorteil zu nutzen, kam mir nicht in den Sinn. Bis zu diesem Dezembermorgen 2001. An besagtem Morgen stand ich am Fuße des Herzogstands im Kochelmoos, um mich herum ein wahre Winterbilderbuchlandschaft. Raureif hatte sich über die Landschaft gelegt. Die Eiskristalle funkelten im Licht der aufgehenden Sonne. Mit fast einem Schlag wurde mir bewusst, welche Fotomöglichkeiten sich mir hier vor der eigenen Haustüre boten. Ich beschloss also, meinen fotografischen Fokus in den nächsten Jahren verstärkt auf meine Heimat zu legen. Zwei, drei Jahre wollte ich mich um die Bayerischen Alpen und das Alpenvorland kümmern. Nun sind aus den zwei, drei Jahren schon neun Jahre geworden und ich bin immer noch nicht fertig …! Im Laufe der Zeit entwickelte ich eine tiefe Verbundenheit mit der Region und ihren Menschen. Auch auf Reisen vergeht fast kein Tag, an dem ich gedanklich nicht zu Hause bin. Was also als »bloßes« Fotoprojekt begann, entwickelte sich für mich zum Lebensinhalt. Heute verbringe ich ca. 100 Tage im Jahr auf Reisen, die restlichen 265 (!) Tage fotografiere ich im Alpenvorland und den Bayerischen Alpen.

Viele stellen sich das Bayerische Alpenvorland als Mischung aus bayerischer Bilderbuchlandschaft mit Zwiebelturm vor weißblauem Himmel und kitschiger heiler Welt vor. Der Zwiebelturm und die Lederhose als Klischee für eine ganze Region. Mein Ziel aber war es, das Bayerische Alpenvorland aus einer anderen Sicht zu zeigen: Wild, unberührt, atemberaubend schön! Besondere Stimmungen, die Vielfalt der Jahreszeiten, spezielle Perspektiven bestimmen mein Alpenvorland. Ich wollte, dass sich der Betrachter der Bilder die Frage stellt: Ist das wirklich das Alpenvorland (oder vielleicht doch eher die kanadischen Rockies oder gar Alaska?). Wer das Alpenvorland aus dieser fotografischen Perspektive zeigen will, der braucht Zeit (und muss früh aufstehen können). Meine Bildfrequenz war deshalb nur sehr gering, wartete ich doch immer auf einen ganz besonderen Moment, der es wert war, mit der Kamera festgehalten zu werden. Natürlich kommt man in einer »Postkartenlandschaft« um bestimmte »Postkartenmotive« nicht herum. So durften natürlich die Königschlösser und so mancher Kirchturm nicht fehlen. Ich sehe diese Motive aber eher als eine Art »Anhängsel« zum großen Rest. Neben der wilden »bayerischen Natur« haben mich auch die speziellen Bräuche und Traditionen der einzelnen Regionen in ihren Bann gezogen. So war ich beim Maibaumaufstellen dabei, habe mich von den Buttnmandln verdreschen lassen, habe den Viehscheid dokumentiert, die Maschkera begleitet und während unzähliger Prozessionen das »Vaterunser« wieder gelernt.

Das Bayerische Alpenvorland, das Land vor den Bergen, zählt für mich zu den schönsten Regionen weltweit. Die schmale »Übergangs-

S. 6: Mit Raureif überzogene Bäume im Kochelmoos, im Hintergrund Herzogstand und Heimgarten

S. 7: Sonnenaufgang am winterlichen Schönberg im tiefsten Pfaffenwinkel

region« zwischen den hohen Gipfeln der Bayerischen Alpen und der Ebene im Norden ist gesegnet mit einer ganz besonderen Landschaft und ganz speziellen Bewohnern. Diese Mischung aus Natur- und Kulturlandschaft machen das Alpenvorland zu dem, was es ist – einem Juwel inmitten Europas.

Ich hoffe, liebe Leserinnen und Leser, dass es mir mit meinen Bildern gelingt, meine tiefe Verbundenheit zu meiner Heimat auszudrücken. Ich wünsche Ihnen viel Spaß beim Schmökern im Buch!

Ihr Bernd Römmelt im Juni 2010

Nach heftigen Schneefällen lichten sich die Wolken über dem verschneiten Zugspitzmassiv.

Berchtesgadener Land

Prächtige Hahnenfußwiese vor Watzmann (links) und Hochkalter (rechts)

Rechts: Mächtig erhebt sich der Watzmann samt Frau und Kindern über dem Ort Berchtesgaden.

Blick vom Malerwinkel über den Königsee auf die Funtenseetauern

»Vor langer Zeit herrschte im Berchtesgadener Land ein König mit Namen Watzmann. Er war grausam und hartherzig gegen seine Untertanen und quälte Mensch und Tier. Mörderische Hetzjagden, an denen sich auch sein Weib und seine Kinder beteiligten, erfreuten den König über alle Maßen. Eines Tages fiel die wilde Jagd über eine arme Bauernfamilie her. Ein kleines Kind, die Großmutter, der Bauer und die Bäuerin wurden von den Pferdehufen zermalmt oder von den blutrünstigen Hunden zerfleischt. Der unmenschliche König erfreute sich an dem Leid, das er den unschuldigen Bauersleuten zufügte. Da verfluchte ihn noch im Sterben die Alte: ihn, sein Weib, die Kinder. Die Erde bebte und Sturmwind brauste über die Fluren. Watzmann und die Seinen fühlten, wie ihre Glieder erstarrten. Bald war die Königsfamilie zu Stein geworden.«

Den versteinerten Watzmann samt Frau und Kind bewundern heute jedes Jahr tausende Touristen, die aus aller Welt ins Berchtesgadener Land kommen. Schon vor 200 Jahren schrieb der weit gereiste Alexander von Humboldt: »Die Gegend von Salzburg und Berchtesgaden, von Neapel und Konstantinopel halt ich für die schönsten der Erde.« Und er hat Recht. Wer sich über Bad Reichenhall den kurvenreichen Hallthurm-Pass hinauf dem Berchtesgadener Talkessel nähert, der wird am Passende fast erschlagen von dem atemberaubenden Blick, der sich nun auftut: Watzmann samt Kindern und Frau, Hochkalter, Reiteralpe und Hoher Göll bieten ein Bergpanorama, das eher an die kanadischen Rocky Mountains erinnert als an einen Landstrich am Nordrand der Alpen.

Jahrhundertelang war die kleine Fürstpropstei Berchtesgaden ein eigenständiger Staat, eingeklemmt zwischen den sich selten freundlich gesinnten Bayern und Salzburg. Und obwohl man 1810 schließlich bayerisch wurde, hat man bis heute viel von der früheren Selbstständigkeit bewahrt. Sicherlich ist auch die abgelegene geographische Lage ein Grund hierfür.

Heute liegen fünf Gemeinden im Talkessel: im Zentrum die Marktgemeinde Berchtesgaden, im Nordosten Marktschellenberg, direkt am Königsee Schönau, am Hintersee die Gemeinde Ramsau und am Eingang zum Tal Bischofswiesen. Die Gemeinden werden von

Rechts: In sehr kalten Wintern, wenn die Eisdecke des Königsees dick genug ist, kann man über den See bis zur Wallfahrtskirche St. Bartholomä wandern.

S. 16/17: Von der Kneifelspitze hat man den wahrscheinlich schönsten Blick auf das mächtige Watzmannmassiv.

Ein kalter Wintermorgen auf dem »Toten Mann«, im Hintergrund ist der Untersberg zu erkennen.

insgesamt neun Gebirgsgruppen beeindruckend eingerahmt: dem Untersbergmassiv und dem Lattengebirge im Norden, der Reiteralpe im Osten, dem Göllstock und dem einsamen Hagengebirge im Westen, dem Hochkaltergebirge und dem Watzmannstock in der Mitte und dem Steinernen Meer und dem Hochkönigmassiv im Süden. Lediglich Hochkalter und Watzmann befinden sich vollständig auf bayerischem Boden. Alle anderen Gebirgsmassive »müssen« wir uns mit unseren österreichischen Nachbarn teilen oder sie liegen sogar vollständig auf österreichischem Boden.

Natürlich ist der Watzmann mit dem 2713 Meter hohen Hauptgipfel und seiner »Familie« der bekannteste Gebirgszug im Tal. Wahrscheinlich schlägt er vom Bekanntheitsgrad her sogar den höchsten Berg Deutschlands, die Zugspitze. Den Berchtesgadener können die paar Höhenmeter Differenz ohnehin nicht aus der Ruhe bringen. Ist doch die Watzmannsage ungemein eindrucksvoller als das »Gschichterl« vom Zuggeist »ein paar Kilometer« weiter westlich! Darüber hinaus hat die Zugspitze auch keine berühmt-berüchtigte Ostwand, deren Geschichten und Tragödien allein schon ein Buch füllen würden. Der Watzmann ist auch ein »wilder« Berg geblieben. Trotz hitziger Diskussionen in den Siebzigerjahren gibt es keine Seilbahn, die ihn zähmt. Wer hinauf will, der muss über eine gute Kondition und erhebliches bergsteigerisches Geschick verfügen.

Einst war die Salzgewinnung wichtigster Erwerbszweig im Tal. Schon in früheren Jahrhunderten war das »weiße Gold« Objekt der Begierde. Sowohl Bayern als auch Salzburg haben immer wieder mal ein Auge auf die riesigen Salzlagerstätten geworfen. Die Rivalität um das Salz war jedoch eine Garantie für die Jahrhunderte dauernde Selbstständigkeit Berchtesgadens. Die »Großmächte« wachten nämlich mit Argusaugen darüber, dass keine der beiden Seiten die Rechte an dem so begehrten Handelsgut für sich alleine beanspruchen konnte. Auch heute noch wird in Berchtesgaden unter Tage Steinsalz gewonnen. Im Salzbergwerk Berchtesgaden können Besucher aus aller Welt hautnah miterleben, wie der Salzabbau vonstatten geht.

Heute hat der Fremdenverkehr den Salzabbau als wichtigsten Erwerbszweig weit-

gehend abgelöst. Bereits im 18. Jahrhundert hielten sich erste »Touristen« im Tal auf. Alexander von Humboldt etwa wanderte 1797/98 von St. Bartholomä zur Eiskapelle am Fuße der Watzmannostwand. Auch die Wittelsbacher errichteten in Berchtesgaden ihre Sommerresidenz, nachdem das kleine Land bayerisch geworden war. Der richtige Durchbruch kam aber erst 1888, als der Bau der Eisenbahn von Bad Reichenhall das Tal erschloss und einer breiten Öffentlichkeit zugänglich machte.

Der 1. August 1978 kann als Beginn einer neuen Zeitrechnung angesehen werden. An diesem denkwürdigen Tage nämlich wurde die »Verordnung über den Alpen- und Nationalpark Berchtesgaden« erlassen. 21.000 Hektar einmaliger Hochgebirgslandschaft rund um den einzigen fjordartigen See Mitteleuropas, den Königsee, stehen unter strengem Naturschutz. Rund 230 Kilometer markierte Wanderwege führen durch den Nationalpark und erschließen eine in Oberbayern einmalige Hochgebirgslandschaft. Steinadler, Gänsegeier, Steinbock, Murmeltier, Gämse und viele seltene Pflanzen- und Blumenarten wie Trollblume, Zwergalpenrose, Alpenveilchen oder das Schwarze Kohlröschen haben hier ein einzigartiges Rückzugsgebiet gefunden.

Die Mischung aus der Wildnis des Nationalparks und einer uralten, durch nachhaltige bäuerliche Wirtschaft geprägten Kulturlandschaft machen das Berchtesgadener Land zu einer wahren Perle im Bayerischen Alpenvorland.

S. 20: Der Frühling hat Einzug gehalten am Fuße des sagenumwobenen Untersberg.

S. 21: Die Gipfel der Reiteralpe spiegeln sich im Hintersee.

Der Nationalpark Berchtesgaden ist der einzige deutsche Nationalpark in den Alpen. Viele Tiere der Alpen haben hier ein Rückzugsgebiet gefunden. S. 18 oben: Steinadler, S. 18 unten: Steinbockfamilie im Hagengebirge, S. 19 links: Bergfink am Watzmann, S. 19 rechts: Murmeltier auf der Gotzenalm

Links: Märchenwelt in der wilden Wimbach-klamm

Blick vom Jenner auf Hochkalter und Rei-teralpe

Links: Langsam schiebt sich die Sonne über die Berge (rechts der Hohe Göll samt Hohem Brett). Der Hintersee erwacht zum Leben.

An Pfingsten feiern die Bergknappen ihr Fest im Zeichen des Salzes. Ein festlicher Umzug durch Berchtesgaden bildet den Höhepunkt.

Am 5. und 6. Dezember treiben Kramperl und Buttnmandl ihr Unwesen im Berchtesgadener Talkessel.

Chiemgau

Sonnenuntergang über dem Chiemsee, gesehen vom Hochfelln

Winter am Samerberg

Den schönsten Blick auf den Chiemsee hat man von der Ratzinger Höhe zwischen Prien und Bad Endorf. An kühlen Herbstmorgen bildet sich Nebel über dem Wasser, den die aufgehende Sonne in leuchtendes Rotgelb verfärbt. Die unvergleichliche Aussicht auf Buchten, Inseln und Berge hat immer wieder Landschafts-

maler angelockt. Schon Johann Georg von Dillis, ein früher Vertreter der München Schule, wusste diese Aussicht auf *den* bayerischen See zu schätzen. Der Chiemsee ist das Herzstück des Chiemgaus. Mit 80 Quadratkilometern Fläche ist er der größte See Bayerns. Seine Dimensionen, aber auch seine Unberechenbar-

keit haben ihm den respektvollen Beinamen »Bayerisches Meer« eingebracht.

Der Chiemgau wird im Westen vom Inn, im Osten von den Flüssen Traun und Alz, im Süden von den Chiemgauer Alpen und im Norden von einer imaginären Linie auf der Höhe Wasserburgs begrenzt. Der Chiemgau ist uralte Kulturlandschaft, die lange Zeit unter dem Einfluss des Erzbistums Salzburg stand.

Berühmt ist der Landstrich für seinen See mit den beiden Inseln Herren- und Frauenchiemsee, die zusammen mit der kleinen Krautinsel den Westteil des Sees belegen. Die prunkvollere der beiden großen Inseln

Nebelschwaden wabern im Tal. Hoch droben auf der Kampenwand genießt man dagegen schon die ersten Sonnenstrahlen.

(das heißt nicht die schönere) ist sicherlich Herrenchiemsee mit ihrem Schloss. Ludwig II. wollte hier sein neues Versailles bauen. Es war die ehrgeizigste und teuerste seiner Unternehmungen, doch nach siebenjähriger Bauzeit meldete die königliche Kabinettskasse 1885 den Bankrott. Obwohl lediglich der Mitteltrakt fertiggestellt wurde und selbst bei diesem noch die Innenausstattung einiger Räume fehlt, wirkt der Bau von außen alles andere als unvollendet. Die zweigeschossige Dreiflügelanlage erhebt sich inmitten eines prachtvollen Parks mit drei Brunnen und ist wie Linderhof im Stile des »zweiten« Rokoko ausgestattet.

Etwa zehn Minuten dauert die Fahrt mit den Schiffen der Chiemseeflotte von Herren-

Links: Der Chiemsee, ein Sommeridyll, wie hier bei Hochstätt am Nordufer. Im Hintergrund (rechts) der berühmte »Hahnenkamm« der Kampenwand

Der Herbst neigt sich seinem Ende zu. Herbstlaub auf einem Steg bei Gstadt

Am frühen Morgen dreht ein Höckerschwan seine Runden nahe Rimsting am Chiemsee.

Rechts oben: In kalten Wintern türmen sich am Ufer des Chiemsees mächtige Eisschollen.

Rechts unten: Morgenrot über dem Chiemsee bei Gstadt. In Hintergrund sind Hochstaufen und Zwiesel zu sehen.

S. 34/35: Der Blick von der Ratzinger Höhe am Westufer des Chiemsees auf die Bayerischen Alpen (im Hintergrund sind Hochstaufen und Zwiesel zu erkennen) und das »Bayerische Meer« gilt als einer der schönsten.

chiemsee auf Frauenchiemsee. Frauenchiemsee ist zwar bei weitem nicht so prunkvoll wie ihre berühmte Nachbarin, doch hat die Insel einen ganz besonderen Charme. Zwei verschiedene Welten bestehen auf der 13,5 Hektar großen Fraueninsel seit Jahrhunderten nebeneinander. Auf der einen Seite gibt es den Klosterbezirk der Benediktinerinnen, dessen Wahrzeichen der schon von weitem leuchtende Campanile mit seiner Zwiebelhaube ist. Auf der anderen Seite steht das Dorf mit seinen in der warmen Jahreszeit wunderbar blumengeschmückten Häusern. Um das Jahr 620 haben sich hier irische Mönche niedergelassen. Seit 765 hatten dann ununterbrochen die Ordensfrauen das Sagen. Lange Zeit betrieben die Nonnen mehrere klösterliche Schulen, ehe

sie sich in den letzten Jahren, ganz modern, der Erwachsenenbildung zuwandten. Parteitage, Kongresse, Managertrainings oder auch Malkurse werden seit 1995 in den zu Seminarräumen umgebauten ehemaligen Internatszimmern angeboten. Natürlich kümmern sich die Benediktinerinnen weiterhin um den uralten Kräutergarten, der die Zutaten für den berühmten Chiemseer Kräuterlikör liefert.

Das angrenzende kleine Dorf zählt ca. 300 Einwohner. Sechs Fischerfamilien mit einer weit zurückreichenden Berufstradition leben dort. Forellen, Brachsen, Renken, Zander und Hechte werden heute noch wie eh und je aus dem See geholt. Neben den Fischerhäusern sind noch mehrere Gasthöfe und Töpfereibetriebe auf Frauenchiemsee zu finden. In der Weihnachtszeit findet hier einer der schönsten Christkindlmärkte im ganzen Alpenvorland statt.

Direkt am See gelegen ist der geschäftige Ort Prien mit seinem großen Segelhafen ein beliebter Tummelplatz der Wassersportler.

Nordwestlich grenzt eine traumhafte Landschaft aus Mooren, Buckeln, Seen und Mulden an den Chiemsee. Die unter Naturschutz stehende Eggstätter Seenplatte zählt siebzehn Gewässer. Das vom Wasser geprägte Gebiet ist ein wahres Wunderland für Naturliebhaber und Erholungsuchende. Entstanden ist das Gebiet durch die Verschmelzung des mächtigen Inngletschers mit dem kleineren Chiemseegletscher. Ein Stückchen weiter nördlich liegen die nicht minder attraktiven fünf Seeoner Seen. In einem von ihnen erhebt sich auf einer Halbinsel das Kloster Seeon. Das 994 von Pfalzgraf Aribo I. mit Mönchen aus Regensburg gegründete Kloster hatte im 18. Jahrhundert einen prominenten Gast. Kein Geringerer als Wolfgang Amadeus Mozart spielte hier die Orgel und schuf auch einige Kompositionen eigens für das Kloster. 1803 wurde das Kloster aufgelöst, seine Gebäude dienen heute als Kultur- und Bildungszentrum.

An der Grenze zum Rupertiwinkel und dem Berchtesgadener Land liegt die alte Salzstadt Traunstein. Die Stadt, die bis 1275 unter Salzburger Herrschaft stand, verdankte ihren Aufschwung im Spätmittelalter der Lage an der »Güldenen Salzstraße« von der Saline in Reichenhall nach München. Der Grundriss und Charakter der alten Stadtanlage ist trotz mehrerer fürchterlicher Brände weitgehend erhalten geblieben.

Am Südende des Chiemsees durchschneidet die Autobahn München – Salzburg den Chiemgau in zwei Hälften. Südlich der lärmenden Rennstrecke, man mag es kaum glauben, erstreckt sich zwischen Bernau, Bergen und Schleching eine wahre Urlandschaft, die bis hinein ins Tal der Tiroler Achen zwischen den Gipfeln der Chiemgauer Alpen reicht. Mettenhamer Filz, Lanzinger Moos, Sossauer Filz und Kendlmühlfilz sind die Namen der Moorgebiete, die einer Vielzahl seltener Tier- und Pflanzenarten als Rückzugsgebiete dienen.

Über all dem ragt der wohl bekannteste Berg des Chiemgaus, die 1664 Meter hohe Kampenwand mit ihrem berühmten »Hahnenkamm«, der als Wahrzeichen des Chiemgaus gilt und dem Berg seinen Namen gab. Mitten in der Traumlandschaft der Chiemgauer Alpen, direkt an der Deutschen Alpenstraße,

»Wenn i mit meiner Wampen kannt, dann ging i auf die Kampenwand.« Der bekanntes-te Berg der Chiemgauer Alpen spiegelt sich im Chiemsee bei Prien.

Hoch über dem Inntal, an den Hängen des Samerbergs, hat der Herbst Einzug gehalten.

liegen drei der bekanntesten Wintersportorte Oberbayerns: Reit im Winkel, Heimat der berühmten Skirennläuferin Rosi Mittermeier, ist mit seiner relativ schneesicheren Winkelmoosalm ein Mekka der Ski- und Snowboardfans. Im nahen Ruhpolding steht Biathlon auf dem Programm und in Inzell wird Eisschnelllauf auf höchstem Niveau betrieben.

Unzählige Wanderwege durchziehen die Chiemgauer Alpen, die als perfekte Aussichtsbalkone für die angrenzenden Hohen Tauern und das Kaisergebirge dienen. Wem die Touren auf die Berge dann doch zu anstrengend sind, der fährt einfach in zehn Minuten mit der Gondel auf den Hochfelln und genießt die Aussicht auf Chiemsee, Berchtesgadener Alpen, Hohe Tauern, Kaisergebirge.

Links: Was für ein Herbstmorgen auf dem Geigelstein. Die Täler stecken im dichten Nebel, nur die Gipfel der Berge (im Hintergrund die Berchtesgadener Alpen) ragen aus den Wolken.

Die ehemalige Benediktinerabtei Seeon spiegelt sich im Klostersee.

Blühende Farbenpracht auf Frauenchiemsee. Der Garten der Benediktinerinnen gehört zu *den* Sehenswürdigkeiten auf der Fraueninsel.

Es ist Ruhe eingekehrt auf Schloss Herrenchiemsee, einem der legendären Märchenschlösser König Ludwigs II.

Die Fischerei auf dem Chiemsee hat lange Tradition. Thomas Lex ist fast jeden Tag auf dem See unterwegs. Er gehört zu einer von sechs Familien auf der Fraueninsel, die das Fischerhandwerk noch hauptberuflich ausüben.

Tegernsee, Schliersee und Wendelsteinregion

Von den Dorfer Höhen oberhalb von Wolfratshausen hat man an klaren
Tagen einen traumhaften Blick auf das Mangfallgebirge im Osten. Links
als Blickfang der Wendelstein, dahinter das Kaisergebirge

»Am Tegernsee wurde die Sommerfrische erfunden«, so sagt man. Der Initialzünder für den Tourismus im Tegernseer Tal war kein Geringerer als König Max I., der von der Landschaft im Tegernseer Tal so entzückt war, dass er sogleich die Reste der teilweise schon abgerissenen Klosteranlage kaufte und zu seiner Sommerresidenz machte – das war bereits im Jahr 1871. Irgendwie muss seine Begeisterung ansteckend gewesen sein, denn bald nach ihm folgte der ganze Münchner Hof. Der erste Schritt zum »Massentourismus« war nun vollzogen. Die gesamte Gegend zwischen Isar im Westen und Inn im Osten, zwischen Lenggries und Bayerischzell gehört zu den beliebtesten Ausflugszielen der Münchner. Besonders das wunderschön gelegene Tegernseer Tal, umgeben von eher milde gewölbten als schroffen Bergen, mit dem See als Mittelpunkt und Blickfang, hat es den Besuchern aus Nah und Fern angetan. Vor allem an sonnigen Spätherbsttagen erstickt das Tal regelmäßig an der Blechkolonne aus der Landeshauptstadt. Die Erholung suchenden Großstädter wollen unter allen Umständen noch einmal an der Seepromenade das letzte Eis im Freien genießen oder (eher seltener) einen der Tegernseer Berge erklimmen.

Den vielleicht schönsten Blick auf den Tegernsee bietet der Wallberg am südlichen Ende des Tals. Ca. drei Stunden benötigt man zu Fuß auf diesen wirklich fantastischen Aussichtsberg. Wem das zu lange dauert oder wer

Eine Herde Kühe grast am Nordufer des Tegernsees, im Hintergrund erhebt sich der Hirschberg in den oberbayerischen Himmel.

sich nicht »hinaufquälen« will, der nimmt die Kabinenbahn und ist in ca. 15 Minuten oben. Vom Gipfel genießt man an klaren Tagen ein sagenhaftes Panorama auf die Tegernseer Berge. Der Blick schweift über den Risserkogel, den Setzberg, über den Blaubergkamm bis hinüber zum Karwendel und zur Zugspitze. Unten im Tal schimmert der See mit seinen heilklimatischen Kurorten Rottach-Egern, Tegernsee und Bad Wiessee.

Der wahrscheinlich berühmteste Tegernseer ist eigentlich gar nicht hier auf die Welt gekommen: Ludwig Thoma ist nämlich in Oberammergau geboren und erst im fortgeschrittenen Alter von 41 Jahren in sein Haus auf der Tuften gezogen. Im Tod ist er seiner neuen Heimat allerdings treu geblieben,

denn begraben liegt er auf dem Friedhof in Rottach-Egern.

Fährt man vom Tegernseer Tal die Weissach entlang weiter Richtung Süden, so gelangt man nach ein paar Kilometern in den Luftkurort Kreuth, der inmitten einer malerischen bayerischen Bilderbuchlandschaft am Fuße des Leonhardsteins gelegen ist. Hier findet alljährlich am 6. November einer der ältesten und schönsten Leonhardiritte in ganz Oberbayern statt. Der Ritt gilt wegen seiner Ursprünglichkeit unter Insidern als Geheimtipp, denn während im nahen Bad Tölz mehr als 15.000 Besucher den dortigen Leonhardiritt zum Spektakel werden lassen, sind in Kreuth die Einheimischen an diesem Festtag noch weitgehend unter sich.

Prächtig geschmückte Balkone und Hausfassaden sind im Oberland fast überall zu finden. Dieses besonders schöne »Exemplar« war im Ort Tegernsee zu bewundern.

Rechts: Was für ein Wintertag am Wallberg. Langsam senkt sich die Sonne hinter die Blauberge.

Die Kirche St. Marinus bei Wilparting am Irschenberg ist eines der Postkartenmotive im Oberland.

Folgt man von Kreuth aus dem Lauf der wildromantischen Weissach, so gelangt man direkt zu Füßen der Blauberge in das abgelegene Wildbad Kreuth, das bereits von König Max I. sehr geschätzt wurde. Bis 1973 nutzte man die Heilkraft der schwefelhaltigen Quellen, dann wurde der Badebetrieb eingestellt. Heute ist der ehemalige Kurort in erster Linie als Tagungsstätte der Hanns-Seidel-Stiftung bekannt. Von Wildbad Kreuth aus starten Wanderwege in die traumhaft schöne Welt der Blauberge: Ob Halserspitze, Wolfsschlucht, Schildenstein oder gar die ganze Überquerung des Blaubergkamms: Wanderer kommen in diesem Gebiet auf jeden Fall auf ihre Kosten.

Wer es lieber ein wenig quirliger mag, der sollte Bad Wiessee einen Besuch abstatten. Der Kurort, am westlichen Seeufer gelegen, ist außer für seine Jod-Schwefel-Quellen hauptsächlich für seine Spielbank bekannt. Einen schönen Blick auf den Tegernsee bietet das ein paar Kilometer nördlich malerisch auf einer Anhöhe gelegene Gut Kaltenbrunn. Wallberg, Hischberg und Blaubergkamm erheben sich hier majestätisch über dem See. Die mit Abstand schönsten Bauernhöfe des gesamten Tals gibt es im Gmunder Ortsteil Gasse zu bewundern. Wie Relikte aus einer lange vergangenen Zeit liegen hier die oft über hundert Jahre alten Höfe dicht nebeneinander.

Ein Stück weiter im Osten schmiegt sich der nicht minder malerisch gelegene Schliersee zwischen die sanften Höhenzüge der Schlierseer Berge, die von der Brecherspitze dominiert werden. Zwei Dinge haben die Schlierseer den Tegernseern voraus: Zum einen findet sich hier auf dem Friedhof von St. Martin das Grab des wohl berühmtesten Wilderer Bayerns, Georg Jennerwein, der im Jahre 1877 in den Wäldern der Bodenschneid hinterrücks von einem Jäger erschossen wurde und bald zum Volkshelden aufstieg, zum anderen ist einer der berühmtesten und erfolgreichsten Skifahrer Deutschlands, Markus Wasmeier, ein echter Schlierseer. Zusammen mit seinem Vater Günter hat er mit unglaublicher Geduld und handwerklichem Geschick ein Freilichtmuseum errichtet, in dem auf rund 60.000 Quadratmetern Museumsbesucher eine Reise in die authentische Vergangenheit eines Bergbauernlebens erleben können. Natürlich ist der berühmteste

Sohn der Region auch am ersten Sonntag im August mit dabei, wenn die Schlierseer ihre alten Holzboote prachtvoll mit Blumen verzieren und über den See schippern. Der Alt-Schliersee-Kirchtag zählt zu den schönsten und prächtigsten Brauchtumsveranstaltungen im ganzen Oberland.

Nur ein Katzensprung ist es vom Schliersee zum höchstwahrscheinlich meistbesuchten Berg der Bayerischen Alpen, dem 1838 Meter hohen Wendelstein. Nicht ganz so wildromantisch wie der Watzmann und nicht ganz so unnahbar wie die Zugspitze, besitzt dieser Berg offenbar etwas, das die Menschen förmlich anzieht. Gewiss spielt dabei auch die gute Erschließung durch eine Zahnradbahn und eine Seilbahn eine nicht zu

S. 50/51: Nur an wenigen Tagen im Winter sind die Bäume derart perfekt eingeschneit wie hier am Gipfel des Setzberges.

Romantische Herbstimpressionen am Westufer des Tegernsees (links) und am Ostufer des Schliersees (unten).

Die Autobahn München – Salzburg zieht sich wie ein Lindwurm entlang der Bayerischen Alpen Richtung Osten. Hier schweift der Blick vom Irschenberg Richtung Chiemgauer Alpen.

verleugnende Rolle. Ein unverkennbares Markenzeichen des Wendelsteins ist der große Sendemast des Bayerischen Rundfunks, der weithin sichtbar in den oberbayerischen Himmel ragt. Den schönsten Blick auf den Wendelstein hat man vom nahen Irschenberg. Trotz der lärmenden Autobahn Mün-

chen – Salzburg, die sich hier über den Berg zwängt, ist der Blick von dort oben wirklich fantastisch. An klaren Föhntagen ist der Wendelstein zum Greifen nahe. Im Vordergrund schmiegt sich die Wallfahrtskirche von Wilparting in das Alpenvorland – ein Bild wie ein Gemälde. Das ist Alpenvorland pur.

Blick auf den Malerwinkel in Rottach-Egern mit der Pfarrkirche St. Laurentius, im Hintergrund erhebt sich der 1722 Meter hohe Wallberg.

Vom Hinteren Sonnwendjoch, dem mit 1986
Metern Höhe höchsten Gipfel des Mangfall-
gebirges, bieten sich an klaren Tagen Traum-
blicke auf die umliegende Bergwelt.

Der Leonhardiritt in Kreuth am 6. November gilt als ältester in ganz Oberbayern.

Der erste Sonntag im August ist Stichtag für den Altschlierseer Kirchtag. Prächtige, mit Blumen verzierte Boote sind dann auf dem Schliersee zu bewundern.

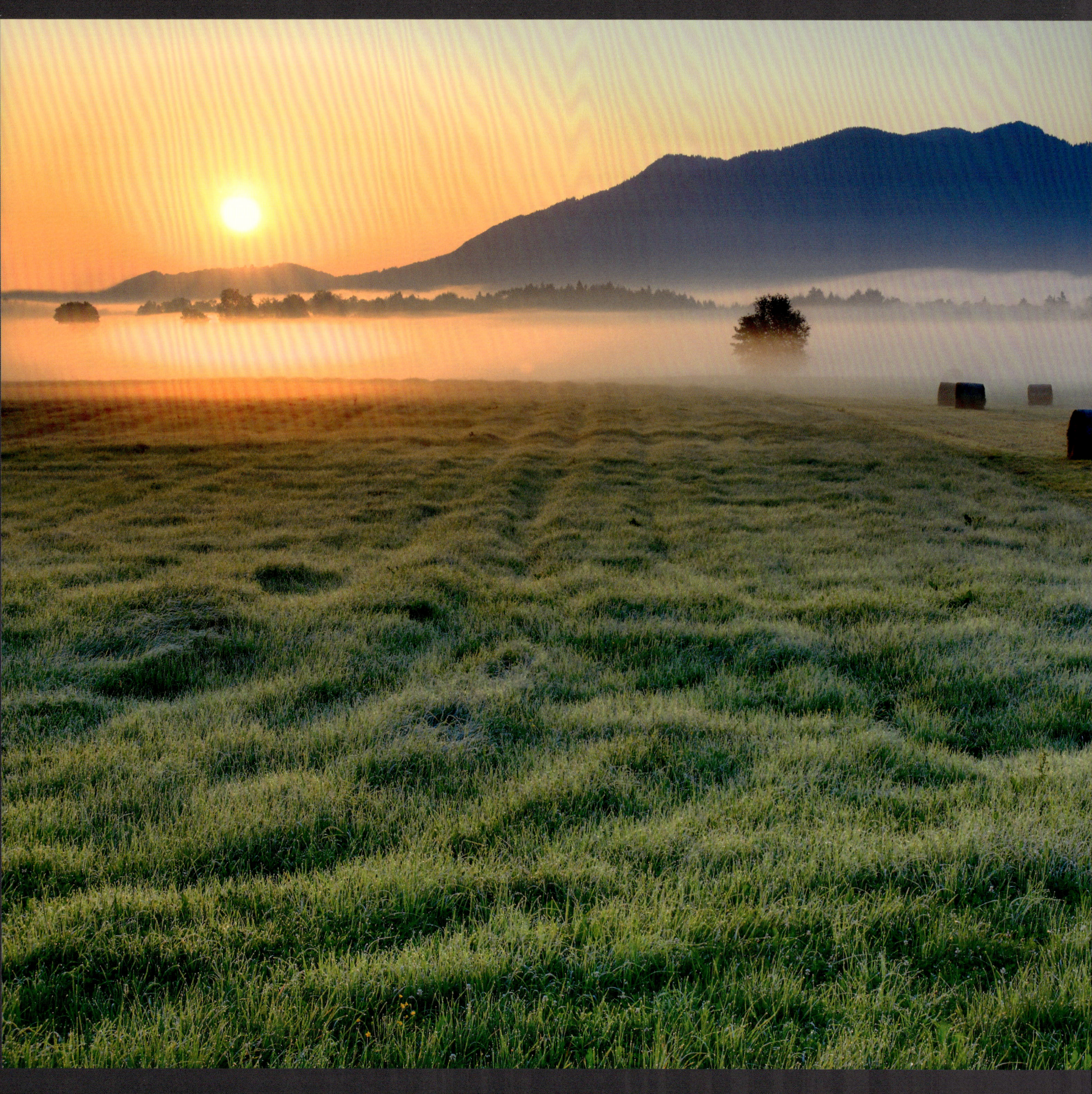

Isar- und Loisachwinkel

Die aufgehende Sonne taucht das Kochelmoos in gelboranges Licht.

An manchen Tagen im Winter verwandelt sich das Kochelmoos in eine wahre Märchenlandschaft.

Im Karwendelgebirge, genauer gesagt im Hinterautal, stößt man auf die Quellen der Isar. Der Name »Isaria« – die Reißende – stammt von den Kelten und steht für einen reißenden, ungebändigten Alpenfluss, wie er heute nur noch an wenigen Stellen zu finden ist. Unspektakuläre kleine Wasserlöcher sind der Beginn dieses Flusses, der hunderte Kilometer weiter nördlich, gebändigt von unzähligen Staustufen und Begradigungen, in die Donau mündet. Der obere Teil der Isar, das Gebiet zwischen Wallgau und Bad Tölz, wird als Isarwinkel bezeichnet, wobei das Jachenauer Tal, ein kleines, abgelegenes Seitental der Isar, sowie das Walchenseegebiet mit zur Region gerechnet werden.

Zu Beginn ist die Isar noch ein schmaler, schöner, wilder Gebirgsbach, der bei Scharnitz durch ein Gletschertal nach Mittenwald fließt und bei Wallgau eine scharfe Drehung nach Osten macht. Das erste Mal wird die ehemals wilde Tochter des Karwendels bei Krün in ihre Schranken gewiesen. Um den Walchensee mit Wasser aufzufüllen, das dieser über das Walchenseekraftwerk an den Kochelsee abgibt, wird die Isar kräftig zur Ader gelassen. Trotzdem gehört das Tal zwischen Wallgau und Vorderriß zu den schönsten und wahrscheinlich ursprünglichsten Streckenabschnitten des Flusses. Durch unzählige Kurven windet sich der Fluss durch das enge Tal. Direkt an der Isar entlang führt eine enge, gebührenpflichtige Straße, die man sicherlich als eine der schönsten Straßen Oberbayerns bezeichnen kann. Sie ist Teil der Deutschen Alpenstraße, die vom Bodensee bis nach Berchtesgaden führt. Der zehn Kilometer lange Streckenabschnitt führt von Wallgau bis nach Vorderriß und trifft dort auf die B 307 nach Lenggries und Bad Tölz. Im Sommer ist dieses Gebiet besonders bei Kajak- und Kanufahrern beliebt.

In Vorderriß vereinigt sich die Isar mit dem Rißbach, der ebenfalls im Karwendel entspringt. Danach plätschert sie noch ein paar Kilometer vor sich hin, ehe sie in den Sylvensteinstausee mündet. Der See wurde zwischen 1954 und 1959 angelegt, um in Zeiten der Schneeschmelze das Land und besonders auch München vor Hochwasser zu bewahren. Außerdem wird die Fallhöhe von 26 Metern zur Stromgewinnung genutzt. Für dieses Mammutprojekt musste in den Fünfzigerjahren der alte Weiler »Fall« geopfert werden. Der neue Ort Fall ist am südlichen Ufer des Sees wiederaufgebaut worden. Viele stehen dem künstlich angelegten See immer noch skeptisch gegenüber, doch hat er seine Reize. Die entstandene Fjordlandschaft erinnert ein wenig an Norwegen. An klaren Tagen nimmt der See eine türkisgrüne Farbe an, wie man sie eigentlich in der Südsee findet. Am Ende des Stausees kommt eine nun eher harmlos anmutende Isar zum Vorschein. Dennoch präsentiert der weitere Flusslauf, entlang von Wiesenauen, Buschland und Geröllfeldern eine streckenweise wildromantische Isar, die im Sommer Scharen von sonnenhungrigen Gästen anlockt. Lenggries ist der erste größere Ort nach Wallgau, den der Fluss passiert. Der Name Lenggries leitet sich von »Lenngengrieze« ab, was soviel heißt wie »Ansiedlung am langen Grieß«. Insbesondere Kalkbrenner und Flößer siedelten sich im direkten Einzugsgebiet der Burg Hohenstein an, um ihre Produkte wie Kalk und Holz auf der Isar zu befördern. Von Lenggries zweigt Richtung Westen die Jachenau ab – ein wildromantisches Seitental der Isar. Vom Tal führen schöne Wanderwege auf die Benediktenwand, den Staffel oder den Hischhörndlkopf. Eine gebührenpflichtige Straße verbindet die Jachenau mit dem Walchensee.

Nach Lenggries zwängt sich die Isar schon bald durch die nächste Stadt: Bad Tölz. Man mag es kaum glauben, aber es gab Zeiten, da wurde das Bier »von draußen« nach München importiert. Im späten 17. Jahrhundert brachten waghalsige Isarflößer den aus böh-

mischem Hopfen gebrauten Gerstensaft der 23 Tölzer Brauereien in die Landeshauptstadt. Das Tölzer Bier galt als besonders wohlschmeckend. Tölz verdankt seine Existenz zwei Handelsrouten: zum einen der Isar, die das stetig wachsende München mit Waren, insbesondere Holz, versorgte, zum anderen der aus Reichenhall kommenden Salzstraße. Beide kreuzten sich an einer Brücke, an der zunächst getrennte Siedlungen der Säumer und Flößer entstanden. Bis zum 14. Jahrhundert waren sie zu einer geschlossenen Ortschaft zusammengewachsen. Im Mittelpunkt von Tölz stand schon damals die Marktstraße. Sie ist heute mit ihren prächtigen Häuserfronten und Giebeldächern der Anziehungspunkt für Gäste aus Nah und Fern. Über all dem wacht

Das obere Isartal zwischen Wallgau und Vorderriß zählt zu den schönsten und wildesten Landschaften in den Bayerischen Alpen.

Frisch gefallener Schnee verwandelt die obere Isar bei Vorderriß in ein Paradies für Fotografen, Langläufer und »Winterliebhaber«.

die weiße Kreuzkirche auf dem Kalvarienberg, dem Endpunkt des berühmten Leonhardiritts, der alljährlich am 6. November stattfindet und tausende Schaulustige anlockt.

Die B 472 führt von Tölz vorbei an Blomberg und Zwiesel Richtung Westen. Bald kommen die beiden Zwiebeltürme von Klos-

ter Benediktbeuern ins Blickfeld. Wir befinden uns nun mitten im nächsten »Winkel«, dem ein Fluss den Namen gibt, dem Loisachwinkel. Der Loisachwinkel wird paradoxerweise im Osten wie im Westen von ein und demselben Fluss begrenzt. Die Loisach windet sich im Westen in den Kochelsee und fließt im

Osten wieder aus dem selbigen See ab und mündet bei Wolfratshausen in die Isar. Hier schließt sich dann der Kreis. Das Gebiet rund um das Kochelmoos ist eine Augenweide. Bekanntestes Ziel am Rande des Mooses ist wahrscheinlich Kloster Benediktbeuern, das älteste Kloster Bayerns. 740 gründeten Be-

nediktinermönche im Ort Beuern ein Kloster, aus Beuern wurde Benediktbeuern, aus der Bergwand mit dem Zackenkamm im Rücken des Klosters die Benediktenwand. Ein Stück weiter südlich gelangt man nach Kochel. Vor dem Gasthof zur Post steht das Denkmal des Schmieds von Kochel. Er soll sich 1705

Der Kochelsee bei Schlehdorf, im Hintergrund Herzogstand (links) und Heimgarten (rechts)

beim Aufstand der Oberlandler und Münchner gegen die österreichische Besatzungsmacht besonders hervorgetan haben. Kochel hat jedoch nicht nur seinen Schmied. Dem Künstler Franz Marc, der zeitweilig in Ried am Westrand des Mooses lebte, wurde ein ganzes Museum gewidmet. Hoch über Kochel ist eine Meisterleistung bayerischer Ingenieurskunst zu bewundern. Das Walchenseekraftwerk. Der berühmte Oskar von Miller wurde in den Zwanzigerjahren des letzten Jahrhunderts damit beauftragt, eine landesweite Stromversorgung aufzubauen. Ihn bewog die außergewöhnliche Natursituation, dass der Walchensee 200 Meter höher als der Kochelsee liegt, zum Bau eines Kraftwerks, das dieses Gefälle nutzt. Sechs gewaltige

S. 64/65: Von Faistenberg, einem kleinen Ort auf einer Anhöhe nördlich von Penzberg gelegen, blickt man Richtung Osten auf Wendelstein, Mangfallgebirge und die Berge des Isarwinkels.

Links: Bootshäuser am Kochelsee bei Schlehdorf, im Hintergrund der Jochberg

Rabenkopf und Jochberg spiegeln sich im Eichsee, einem kleinen Moorsee mitten im Kochelmoos.

Druckrohre von zwei Metern Durchmesser leiten das Wasser den Hang hinab zum Turbinenhaus am Südufer des Kochelsees, wo es die Generatoren antreibt.

Am Walchenseekraftwerk vorbei schlängelt sich die berühmtberüchtigte Kesselbergstraße vom Kochelsee zum Walchchensee hinauf. Der Walchensee gehört zu den schönsten Bergseen in den Bayerischen Alpen und ist besonders bei Surfern und Tauchern äußerst beliebt. Wer den See aus Vogelperspektive erleben will, der kann in ca. zwei Stunden auf den 1567 Meter hohen Jochberg steigen, von dem man einen fantastischen Blick auf See und die umliegenden Berge genießt.

Zurück ins Tal. Fährt man nun von Kochel Richtung Westen, dann gelangt man nach

Wie Inseln aus einem Meer ragen die Gipfel aus dem Nebel. Vom Jochberg hat man einen grandiosen Blick auf die umliegende Bergwelt. Im Südosten ragt der markante Guffert in den Tiroler Himmel (links). Im Süden blickt man auf die zackigen Gipfel des Karwendels (unten).

Der Walchensee zählt zu den schönsten Seen Oberbayerns. Eingebettet zwischen den sanften Gipfeln der Voralpen liegt der See wie ein Juwel inmitten der Bayerischen Gebirgswelt.

wenigen Kilometern in den kleinen Ort Schlehdorf mit seinem mächtigen Kloster. Etwas oberhalb des Ortes befindet sich das Freilichtmuseum Glentleiten, das seit 1973 46 historisch kostbare Höfe aus dem gesamten oberbayerischen Raum beherbergt. Wem der Sinn eher nach Ruhe und Natur steht, dem

sei ein Spaziergang durch das nahe gelegene Moos empfohlen. Mehrere wunderschöne Wege führen durch das Gebiet, gesäumt von kleinen Heuschobern. Besonders im Winter, wenn sich Raureif über die Landschaft gelegt hat, verwandelt sich das Kochelmoos in eine Märchenlandschaft.

Am Namenstag des Brückenheiligen St. Johannes Nepomuk feiern die Flößer an der Loisach in Wolfratshausen gemeinsam eine Flößermesse und bitten um Schutz und Segen für die kommende Saison.

Bis zu 15 Meter weit fliegen die Goaßacher Burschen beim alljährlichen Schablerrennen im Januar.

Werdenfelser Land

Prächtig spiegelt sich das Zugspitzmassiv im Eibsee.

Die Region im Schatten von Zugspitze und Karwendel wird gerne als »goldenes Landl« bezeichnet. Golden deswegen, weil die Region schon früh zu gewissem Wohlstand gelangte. Grund hierfür war die Rottstraße, eine alte Handelsroute, die sich vom Inntal durchs Werdenfelser Land bis nach Augsburg schlängelte. Wertvolle Güter wie Kupfer, Blei, Felle, Eisen, Stoffe, Gewürze, Öl und Wein nahmen ihren Weg durchs Landl und brachten den Orten am Straßenrand, wie Mittenwald, Partenkirchen, Ettal oder Oberammergau, bescheidenen Wohlstand.

Der Blickfang und *der* Touristenmagnet der Region ist ohne Zweifel Deutschlands höchster Berg, die Zugspitze. 2962 Meter ragt dieser Koloss am Alpenrand in den Oberbayerischen Himmel, damit ist die Zugspitze ein »Quasi-Dreitausender«. Lange Zeit traute sich keiner hinauf auf den Gipfel. Die Bewohner des Tals erzählten sich Geschichten vom Zuggeist, einem Geiermonster, das jeden in den Tod stürzte, der es in seiner Ruhe störte. In Wirklichkeit verdankt der Berg seinen Namen aber nicht diesem sagenhaften Ungeheuer, was natürlich nicht heißt, dass es keinen Zuggeist gibt, sondern wohl den abgehenden Lawinenzügen, die immer wieder die Bewohner im Tal heimsuchten.

Es dauerte eine ganze Weile, bis sich jemand hinaufwagte auf den Gipfel. Am 27. August 1820 war es ein gewisser Leitnant Joseph Naus, der mit zwei Bergkameraden den Zuggeist in seine Schranken verwies und den

Links: Silvesterfeuerwerk über Garmisch-Partenkirchen, im Hintergrund das Zugspitzmassiv

Das Zugspitzmassiv spiegelt sich im Geroldsee.

Im April locken die Krokuswiesen bei Gerold Besucher aus nah und fern.

Gipfel das erste Mal bezwang. Die weitere Erschließung ließ nicht lange auf sich warten. Bereits 1897 wurde das Münchner Haus auf dem Westgipfel errichtet und drei Jahre später eröffnete die Sternwarte. Trotz Erschließung des Gipfels brauchte man aber noch immer eine gehörige Menge Kondition, um den höchsten Berg Deutschlands zu erklimmen. Das änderte sich erst 1926, als die Österreicher eine Seilbahn von Ehrwald hinauf bauten. Diese Herausforderung konnten wir Bayern natürlich nicht auf uns sitzen lassen und erwiderten die Kampfansage 1928 mit dem Bau der Bayerischen Zugspitzbahn, die von Garmisch aus startete. Spätestens mit Inbetriebnahme der Eibsee-Seilbahn am 15. Mai 1963 hat der Zuggeist endgültig resigniert. Mit Grausen musste

er beobachten, wie man seinen Berg umbaute, auf deutscher und österreichischer Seite moderne Tagungs- und Kongresszentren mit angeschlossenem Restaurant entstanden und man hierfür sogar den Westgipfel kappte. Heute besuchen mehr als eine halbe Million Menschen pro Jahr den Zugspitzgipfel und genießen an klaren Tagen eine absolute Traumaussicht auf die umliegenden Berge. Wer dem Trubel des höchsten Gipfels entfliehen will, dem seien zwei wunderbare Täler empfohlen, die sich tief in das Zugspitzmassiv eingraben: das Reintal und das Höllental. Die Touren führen durch zwei Klammen, die zu den schönsten und wildesten der gesamten Ostalpen gehören. Wer durch das Reintal wandern will, den führt der Weg zu Beginn durch

74

die Partnachklamm, die insbesondere im Winter, wenn lange Eiszapfen von den Wänden hängen, sehenswert ist. Wer sich für das Höllental entscheidet, kommt nach etwa einer Stunde Gehzeit durch die Höllentalklamm. Diese Klamm ist im Winter gesperrt.

Das urbane Zentrum des Werdenfelser Landes ist heute der Doppelort Garmisch-Partenkirchen. Trotz der vielen Touristen, die sich hier sowohl im Winter zum Skifahren wie im Sommer zum Wandern und Bergsteigen aufhalten, hat der Ort vieles von seiner Ursprünglichkeit bewahren können. Ein Bummel durchs Zentrum von Garmisch oder Partenkirchen, vorbei an malerischen Häusern, die mit opulenten Blumen verziert sind, gehört zum »Pflichtprogramm« eines Besuchs im Werdenfelser Land. Demjenigen, der mit offenen Augen durch die Orte wandert, dem werden die prachtvollen Malereien an den Wänden der Häuser auffallen. Zusammen mit der Schlierseer und Tölzer Gegend zählt das Werdenfelser Land zu den Hochburgen der sogenannten Lüftlmalerei. Insbesondere während der Barockzeit wurden ganze Fassaden mit Darstellungen der Muttergottes, von Christus, Bauernheiligen und großen Himmelszenarien bemalt. Mit den großartig bemalten Wänden sollte zum einen der Status der Familie zur Schau gestellt werde, zum anderen spielten natürlich auch religiöse Motive eine Rolle. Die Bewohner der Häuser erbaten so den Schutz der Heiligen. Das Pilatushaus, das Rotkäppchen-Haus oder das Hänsel-und-Gretel-Haus in Oberammergau zeugen von der großen Kunst der Lüftlmaler.

Auch Mittenwald, das zweite Zentrum der Region, ist berühmt für seine prachtvoll verzierten Fassaden. Kein Geringerer als Johann Wolfgang von Goethe, der auf seiner Reise nach Italien einmal dort Station machte, sprach von »lebendigen Bilderbüchern« an den Hauswänden. Neben den Malereien ist der Ort in erster Linie für seine qualitativ hochwertigsten Geigen bekannt. Der Mittenwalder Matthias Klotz, der sein Handwerkszeug als Geigenbauer unter anderem in Italien gelernt hatte, eröffnete in den 1680er-Jahren die erste Geigenbauerwerkstatt in Mittenwald. Schon im 19. Jahrhundert war die Herstellung von Saiteninstrumenten die wichtigste Erwerbsquelle des Ortes. Auf Anregung König Max II. wurde dann 1858 die erste

Die Buckelwiesen zwischen Krün, Klais und Mittenwald zählen zu den artenreichsten Wiesen in den Bayerischen Alpen und stehen unter Naturschutz.

Geigenbauschule in Mittenwald eröffnet. Die »Staatliche Berufsfachschule für Geigenbau und Zupfinstrumentenmacher« genießt heute weltweite Anerkennung. Am Unsinnigen Donnerstag (Donnerstag vor Aschermittwoch) ziehen die Maschkera durch Mittenwald. Das Spektakel in der Fußgängerzone lockt jedes Jahr tausende Menschen in den Ort. Der urige Fasnachtsbrauch, bei dem sich die Männer in traditionellen Trachten und Arbeitsgewand ihrer Vorfahren zeigen und prachtvolle hölzerne Masken mit übergroßen Augen und Bart tragen, gehört zu den schönsten Brauchtumsveranstaltungen in ganz Oberbayern.

Fährt man von Mittenwald Richtung Garmisch-Partenkirchen, dann kommt man nach ein paar Kilometern an den berühmten

Links: Sonnenaufgänge auf der Zugspitze sind atemberaubend, noch dazu an solch klaren Wintertagen.

Die Partnachklamm ist besonders im Winter einen Besuch wert, dann sind meterlange Eisgebilde an den Wänden zu bewundern.

Winter par excellence! Eisformationen auf der westlichen Karwendelspitze

Buckelwiesen vorbei. Die Wiesen mit ihren vielen seltenen Tier- und Blumenarten zählen zu den schönsten Bergwiesen in den Bayerischen Alpen. Vor hier aus bieten sich auch immer wieder traumhafte Blicke auf das Karwendelgebirge und das Wettersteingebirge samt Zugspitze. Unweit des kleinen Ortes Gerold,

direkt an der Bundesstraße Garmisch – Mittenwald, liegt der wohl schönste See des Werdenfelser Landes – der Geroldsee. Wenn sich am Abend das Wasser des kleinen Bergsees beruhigt und sich das Karwendelgebirge darin spiegelt, dann entfaltet der See seine wahre Magie.

Nur wenige Minuten spitzte die Alpspitze durch die Wolken, dann wurde sie wieder vom Nebel verschluckt.

S. 80/81: Der Geroldsee auf halber Strecke zwischen Garmisch-Partenkirchen und Mittenwald zählt zu den Juwelen unter den bayerischen Seen. Im Herbst, wenn die Bäume ihre volle Farbenpracht entfalten, zeigt sich der See sich von seiner schönsten Seite.

Ein Sturm tobt über den Berggipfeln. Wer sich jetzt auf dem Zugspitzgipfel aufhält, muss mit Temperaturen von weit unter −20 Grad Celsius rechnen.

Beim Maibaumaufstellen in Mittenwald

Am Unsinnigen Donnerstag (Donnerstag vor Fasching) laufen die Maschkera durch die Fußgängerzone von Mittenwald.

Pfaffenwinkel

Blick von der Aidlinger Höhe über das nebelverhangene Alpenvorland um Murnau auf das Zugspitzmassiv

Häufig wird behauptet, der Pfaffenwinkel sei das Herz Oberbayerns. Und tatsächlich tritt hier vieles, was man gemeinhin mit Oberbayern in Verbindung bringt, in geradezu geballter Form auf. In welch anderer Region Oberbayerns gibt es sonst noch so viele Klöster, Kirchen und Kirchlein wie zwischen Loisach im Osten und Lech im Westen? Der Glaube scheint in diesem Landstrich noch tiefer in den Menschen verwurzelt zu sein als anderswo. Die vielen großen und kleinen Maria-Himmelfahrt- oder Fronleichnamsprozessionen, die prächtigen Ritte zu Ehren des heiligen Leonhard sind hier noch nicht zum bloßen touristischen Spektakel verkommen. Angulus sacerdotum – Priesterwinkel oder eben Pfaffenwinkel – ist insofern ein passender Name für diese Region vor den Bergen. Berühmte Kirchen und Klöster wie Wessobrunn oder die prachtvolle Rokoko-Wallfahrtskirche »auf der Wies« sind auch heute noch Pilgerorte für Menschen aus nah und fern.

Im Westen bildet der Lech die natürliche Grenze zum Allgäu. Die Stadt Landsberg gilt hier als das Tor zum Pfaffenwinkel. Ihren zeitweise beachtlichen Wohlstand verdankt die Stadt ihrer Lage an der Salzstraße von Reichenhall nach Oberschwaben. Die verwinkelte Altstadt, die auch heute noch perfekt erhaltenen farbigen Bürgerhäuser, der dreieckige Marktplatz, das barocke Rathaus, die schmalen Gassen üben einen ganz besonderen Reiz aus.

Ein paar Kilometer weiter nördlich, mitten aus der Ebene, ragt ein Berg: Schon von weitem ist der große Sendemast auf dem Gipfel des 988 Meter hohen Peißenbergs zu sehen. Bereits 1772 gab es an gleicher Stelle eine Sternwarte, und seit 1781 steht hier das älteste Bergobservatorium der Erde. An klaren Tagen bieten sich vom Gipfel spektakuläre Blicke auf die bayerische Bergwelt. Im Osten thront die markante Benediktenwand über Kochel und Benediktbeuern, gefolgt von Rabenkopf, Jochberg, Herzogstand, Heimgarten und Estergebirge. Im Süden überragt das Zugspitzmassiv alle anderen Berge und weiter im Westen sind Ammergauer und Allgäuer Alpen zu erkennen.

Im Westen der Region ist auch der nach Altötting wahrscheinlich bekannteste Wallfahrtsort Bayerns zu finden. Die Kirche »auf der Wies«. Die Wieskirche liegt an der Romantischen Straße zu Füßen der Ammergauer Alpen. Jedes Jahr pilgern tausende Besucher

Eine Kaltfront hat dem Gipfel des hinteren Hörnle Schnee beschert. Unten im Tal dagegen haben das noch grüne Murnauer Moos und der Staffelsee mit dichtem Nebel zu kämpfen.

hierher, um Abbitte zu leisten oder sich einfach nur die prachtvolle Kirche anzusehen. Ihre Entstehung geht auf ein Tränenwunder zurück: Eine bereits ausrangierte Prozessionsfigur Jesus Christus' begann in der Kammer der Wiesbäuerin Maria Lory zu weinen. Die Nachricht des weinenden Heilands verbreitete sich in Windeseile. Im Nu pilgerten Scharen von Gläubigen zur Wunderfigur und zwangen das Kloster Steingaden beinahe, eine Wallfahrtskirche mitten auf einer abgelegenen Wiese zu errichten. Baumeister Dominikus Zimmermann und sein Bruder, der Maler und Freskant Johann Baptist Zimmermann, schufen zwischen 1745 und 1754 ein Meisterwerk, das von außen eher schlicht und unscheinbar wirkt und erst innen seine ganze Pracht entfaltet. Das berühmte Deckenfresko mit einer Darstellung des Jüngsten Gerichts ist einer der Höhepunkte in diesem Gesamtkunstwerk, das zum UNESCO-Weltkulturerbe gehört.

Im Norden erheben sich die wilden Ammergauer Alpen und grenzen den Pfaffenwinkel vom Werdenfelser Land und Tirol ab. Manche Autoren rechnen das enge Graswangtal samt Ammergauer Alpen zum Werdenfelser Land. Das alte Werdenfelser Land erstreckt sich jedoch nur von Mittenwald bis Garmisch-Partenkirchen und der Zugspitze, sodass das Ammergebirge eher dem Pfaffenwinkel zuzurechnen ist.

Die Deutsche Alpenstraße führt von Bad Kohlgrub kommend mitten hinein ins Herz des Ammergebirges. Ettal, Oberammergau und Schloss Linderhof bilden die Höhepunkte kulturinteressierter Besucher. Die wilden, un-

berührten Ammergauer Alpen sind das Highlight der Wanderer und Naturfreunde.

Malerisch eingebettet in die Höhen des Ammergebirges liegt Kloster Ettal. 1330 durch Kaiser Ludwig den Bayern gegründet, erlebte die Benediktinerabtei ab dem 17. Jahrhundert eine Blütezeit und wurde ein viel besuchter Wallfahrtsort. Schon die Architektur mit der riesigen Kuppel, die von zwei Türmen flankiert wird, ist außergewöhnlich. Die Grundstruktur des Baus geht auf die Gotik zurück. Im 18. Jahrhundert erfolgten dann längere Umbaumaßnahmen, in deren Rahmen die auffallende Kuppel entstand. Heute beherbergt das Kloster eine Benediktiner-Kommunität, ein Gymnasium, die klösterliche Brauerei, eine Likörherstellung, einen Klosterladen und einen Buch-Kunstverlag.

»Strahdrischeln« im Murnauer Moos bei Ohlstadt

Rechts: Das kleine Kircherl bei Raisting mit »Heiligenschein«

Mitten im malerischen Graswangtal liegt eines der berühmtesten Märchenschlösser König Ludwigs II. Linderhof war das einzige von seinen zahlreichen aufwändigen Bauwerken, das noch zu seinen Lebzeiten fertiggestellt werden konnte und das er auch wirklich bewohnte. Die unwirklich-fantastische Venusgrotte, der Musikpavillon mit der Gurnemanz-Klause, das Marokkanische Haus, die prächtige Parkanlage mit Maurischem Kiosk suchen weltweit ihresgleichen. Es fällt schwer, sich nach so viel Exotik wieder im bodenständigen Oberammergau zurechtzufinden. Der Ort ist berühmt für seine Passionsspiele, die alle zehn Jahre aufgeführt werden. Im Pestjahr 1633 gelobten die Bewohner, regelmäßig die Leiden Christi nachzuspielen, wenn die schreckliche Seuche endlich enden würde. Schon im folgenden Jahr löste man sein Versprechen ein und hielt es bis heute.

Auf Künstler wirkte der Pfaffenwinkel immer besonders anziehend. So galt Weilheim bereits vom 16. bis ins 18. Jahrhundert als eine Talentschmiede für Bildhauer. Hans Krumper, Hans Degler, Bartholomäus Steinle und Franz Xaver Schmädl gehörten allesamt zur bekannten Weilheimer Schule.

Im Osten erstreckt sich der Pfaffenwinkel bis zum Kochelmoos und geht ins Blaue Land Franz Marcs, Gabriele Münters und Wassily Kandinskys über. Alle drei waren Mitglieder der Künstlervereinigung »Der blaue Reiter«. Treffpunkt und Zentrum der Gruppe war Murnau, wo sich Münter und Kandinsky 1908 niederließen.

Blick vom Hohen Peißenberg Richtung Osten. Als Silhouette im Hintergrund der Wendelstein

Auf solche Stimmungen wartet man Jahre. Zweimal fantastisches Morgenrot: oben über dem Staffelsee, rechts über dem großen Ostersee

Die beiden »Zuagroasten« wussten schon, warum sie sich diesen Ort zum Leben und Arbeiten aussuchten. Der Ort liegt wunderschön auf einem kleinen Hügel direkt am Rande des Murnauer Mooses. Das Moos ist mit 3500 Hektar Ausdehnung die größte weitgehend unkultivierte und geschützte Moorfläche im Alpenraum. 1250 Pflanzenarten, darunter 160, die anderorts selten oder bereits ausgestorben sind, können hier noch bewundert werden. Bedrohte Vögel, wie der Wachtelkönig oder das Braunkehlchen, finden hier noch eine Heimat. Geformt wurde dieses Land vom Loisachgletscher, der ein breites Tal zwischen Ester- und

Ammergebirge ausschürfte. Jenseits der Anhöhe auf der Murnau hatte er noch die Kraft,
zwei weitere Gletscherbecken auszuformen,
die den Staffelsee und den Riegsee bilden.

Der sieben Quadratkilometer große Staffelsee mit seinen sieben grünen Inseln und vielen kleinen Buchten zählt zu den Perlen der
oberbayerischen Seen. Der kleine Bruder des
Staffelsees, der Riegsee, liegt ein Stückchen
weiter nordöstlich und ist nicht minder schön.
Unweit seines Nordufers erhebt sich die Aidlinger Höhe auf 800 Meter. Von nirgendwo hat
man an klaren Tagen einen schöneren Blick
auf das mächtige Zugspitzmassiv und das

fantastische Wasser und Hügelland des Alpenvorlandes. Wer noch mehr Natur, Einsamkeit und Ruhe sucht, der muss ein Stück weiter Richtung Norden. Unweit von Iffeldorf liegt das Naturschutzgebiet der Osterseen mit seinen 21 größeren und kleineren Seen, an deren Ufer viele seltene Pflanzen- und Tierarten beheimatet sind.

Landschaftlich gehört der Pfaffenwinkel zum Schönsten, was das Alpenvorland zu bieten hat. Weite, unverbaute Wiesen, Äcker und Felder und traumhaft gelegene Seen wie Osterseen, Staffelsee und Riegsee machen diesen Landstrich zu etwas ganz Besonderem. Der Pfaffenwinkel ist eine Oase der Ruhe geblieben – eine Seltenheit in unseren schnellen, hektischen Zeiten.

Links: Löwenzahnwiese vor dem Riegsee, im Hintergrund das im April noch schneebedeckte Zugspitzmassiv

Der Blick schweift von der Aidlinger Höhe über den Kesselberg hinweg auf die zackigen Karwendelspitzen.

Wie Wesen aus einer anderen Welt: Die riesigen Antennen der Satellitenfunkanlage bei Raisting

Früh morgens beißen die Fische am besten.
Angler am Riegsee

S. 96/97: Morgendämmerung über der Benediktenwand. Bald werden die ersten Sonnenstrahlen den Nebel über dem Murnauer Moos auflösen.

Schloss Linderhof im abgelegenen Graswangtal

Sonnenaufgang über der Wieskirche

Die Mädels rennen, um *den* Richtigen zu bekommen. Wer von den Burschen leer ausgeht, muss sein Mädel durch einen Reisigbesen ersetzen. Alle drei Jahre, immer am Sonntag nach dem 1. Mai, findet in Antdorf das sogenannte Mailaufen statt. Teilnehmen dürfen nur ledige Mädels und Burschen, die mindestens 18 Jahre alt sind und ihren ersten Wohnsitz im Ort haben.

Fünf-Seen-Land

Morgenrot über dem Starnberger See bei Seeshaupt

Ein perfekter Herbsttag bei Ambach am
Starnberger See

In der Nacht sind die Temperaturen unter −10 Grad Celsius gesunken. Am Steg bei See-seiten am Starnberger See haben sich lange Eiszapfen gebildet.

Lediglich 20 Kilometer von München entfernt liegt das Fünf-Seen-Land. Zwei größere Seen, zwei kleinere und ein Winzling buhlen dort auf engstem Raum um die Gunst der Badegäste: Starnberger See, Ammersee, Wörthsee, Pilsensee und Weßlinger See. Zwischen den sanften Hügeln des Alpenvorlandes liegen sie wie Perlen an einer Schnur. An manchen heißen Sommertagen scheint es so, als hätte sich ganz München dazu entschlossen, hierher auszurücken. Nicht umsonst werden die beiden großen Seen, Starnberger- und Ammersee, als die Badewannen Münchens bezeichnet.

Insbesondere der Starnberger See hat es den Münchnern angetan – und er ist wirklich eine Augenweide. Schmal und elegant südwärts gestreckt liegt der See inmitten der ober-

Nur an klaren Tagen ein Motiv: Kloster Andechs, im Hintergrund das Zugspitzmassiv

bayerischen Moränenhügellandschaft. Mit 57 Quadratkilometern Fläche ist der von Gletschern geschaffene Starnberger See nach dem Chiemsee das zweitgrößte Gewässer Bayerns. An klaren Tagen oder wenn der Föhn warm von den Bergen bläst, dann entfaltet er seine wahre Magie. Die Kette der Bayerischen Alpen ist dann zum Greifen nahe. Der See hat mehrere Namen. Früher hieß er »Würmsee« nach der im Norden abfließenden Würm, und im 16./17. Jahrhundert wurde er zuweilen spöttisch als »Fürstensee« bezeichnet, weil schon damals der Adel das Land um den See für sich entdeckte. Angelockt von den schönen Bildern der um 1800 einsetzenden Landschaftsmalerei, kamen im 19. Jahrhundert auch die Münchner Bürger, und als 1851 die Dampfschifffahrt am See und 1854 die Eisenbahnlinie Pasing – Starnberg eröffnet wurde, gab es kein Halten mehr. Im 19. und frühen 20. Jahrhundert setzte jene landschaftsgebundene Bebauung ein, für die der See auch heute noch berühmt ist. Leider wurden im Zuge der Bebauung viele Uferstreifen privatisiert, doch zum Glück gibt es bis heute die beiden großen öffentlichen Bade- und Erholungsgelände in Possenhofen und St. Heinrich. Für Wanderlustige wurde ein 48 Kilometer langer Rundweg eingerichtet. Die wahrscheinlich schönste Art, den See zu erkunden, ist jedoch eine Schiffrundfahrt. Die Fahrt dauert drei Stunden und bietet häufig die einzige Möglichkeit, einen Blick auf die Ufervillen zu werfen.

Das ehemalige Fischer- und Bauerndorf Starnberg war der erste Ort, den sich die Münchner als Villendomizil erkoren. Am Westufer reihen sich die Villenkolonien aneinander: Niederpöcking, Possenhofen, Feldafing. Erwähnenswert ist hier vor allem die Roseninsel, die König Max II. gartenkünstlerisch gestalten ließ. Ein wenig weiter im Süden liegt Tutzing mit seinem 450 Jahre alten Schloss, heute der zweitgrößte Ort am See. Von hier startet ein kleiner Wanderweg auf die 728 Meter hohe Ilkahöhe. Der Blick von hier oben über die Tutzinger Bucht auf die Kette der Bayerischen Alpen ist atemberaubend, besonders am frühen Morgen, wenn Nebel den See umhüllt und eine geradezu mystische Stimmung erzeugt.

Bernried ein paar Kilometer südlich von Tutzing gehört zu den schönsten Orten am See. Wundervolle alte Holzhäuser sind hier zu bewundern, im Sommer geschmückt mit prächtigen Blumen. Die meisten Besucher aber kommen wegen des im Jahre 2001 eröffneten »Museums der Phanatasie« des Feldafinger Kunstsammlers Lothar-Günther Buchheim, das in einem eigenwilligen Bau eine der bedeutendsten Sammlungen deutscher Expressionisten beherbergt.

In Berg, auf der anderen Seite des Starnberger Sees, fand der berühmteste Bayer sein geheimnisvolles Ende. Am 13. Juni 1886 starb König Ludwig II., der berühmte Märchenkönig, unter bis heute geheimnisvollen Umständen im See. Ein Kreuz im See erinnert an den sagenumwobenen Märchenkönig.

Lediglich ein paar Kilometer weiter im Westen liegt landschaftlich nicht wenig reizvoll der Ammersee. Anders als der »Fürstensee« stand der gern als »Bauernsee« bezeichnete Ammersee jahrhundertelang unter dem Zei-

chen des Krummstabes. Die Eisenbahn erreichte den See erst 1903, also fünfzig Jahre später als den Starnberger See. Es dauerte deshalb ein wenig länger, bis sich hier private Villen am Ufer breit machten. Im Gegensatz zum Starnberger See ist die Verbauung geradezu bescheiden. Der mit 47 Quadratkilometern Fläche drittgrößte See Bayerns ist im Norden und Süden von Mooren umrahmt und für eine Verbauung nicht geeignet. Darüber hinaus stehen heute fast das gesamte Westufer und Teile des Ostufers unter Landschaftsschutz. So geht es am Ammersee ein wenig ruhiger und beschaulicher zu. Und wer sich mit dem alten Schaufelraddampfer »Dießen« über den See schippern lässt, bei dem kommen sogar nostalgische Gefühle auf.

Was gibt es Schöneres als früh morgens, lange vor dem großen Trubel des Tages, den Sonnenaufgang über dem Ammersee zu genießen?

Ein Bild mit Seltenheitswert: Tiefe Temperaturen und eine Menge Feuchtigkeit haben diese Eisformation am Ufer des Starnberger Sees bei St. Heinrich entstehen lassen.

Zu den Attraktionen am Ufer des Ammersees zählt sicherlich auch das Marienmünster in Dießen, am Südwestufer des Sees. In Sachen Pracht und Eleganz braucht das Kloster keinen Vergleich zu scheuen. Allein der »Dießener Himmel«, ein Deckenfresko, das 28 Heilige und Selige aus dem Geschlecht der Andechser-Me-

ranier zeigt, gehört zu den schönsten Kunstwerken im Alpenvorland. Den eindrucksvollsten Blick auf Dießen und sein Kloster hat man vom Ostufer des Ammersees. Wuchtig und erhaben thront das Kloster hier über dem Ort.

Nordöstlich des Ammersees liegen drei weitere kleine Seen, die sich wie Trabanten

um den »Bauernsee« gruppieren. Der Wörthsee, ein überaus beliebter Badesee mit dem
schönen Hauptort Steinebach, der Pilsensee
zu Füßen von Schloss Seefeld und der win-
zige Weßlinger See. Im Osten wird das See-
engebiet überragt vom »heiligen Berg«, auf
dem Kloster Andechs thront. Weithin sicht-

bar ragt der Turm des Klosters über die hü-
gelige Landschaft des Alpenvorlandes. 1388
fand man hier die vom alten Adelsgeschlecht
der Andechser im Heiligen Land gesammel-
ten Reliquien, und so entstand ein Wallfahrts-
ziel. Die Wittelsbacher errichteten hier um
1430 eine gotische Kirche, die 1455 in ein

Das Zugspitzmassiv glüht im Licht der ersten
Sonnenstrahlen. Der Steg bei St. Heinrich am
Starnberger See ist einer der schönsten Aus-
sichtplätze auf »Deutschlands Höchsten«.

107

Der Tag kann kommen: Morgendämmerung
über dem Ammersee bei Dießen

Benediktinerkloster umgewandelt wurde. Im selben Jahr zählte man in Andechs bereits 40.000 Pilger und das Kloster begann Bier zu brauen. Heute werden in der hochmodernen Andechser Klosterbrauerei pro Jahr 80.000 Hektoliter Bier gebraut. Mehr als eine Million Gäste besuchen das gemütliche Bräustüberl, den Biergarten und den gepflegten Klostergasthof. Berühmt ist die Brauerei für ihr Starkbier, den hellen Bergbock und den dunklen Doppelbock. Bei einem Alkoholgehalt von sieben Prozent ist freilich schon mancher Gast den Heiligen Berg mehr hinuntergestolpert denn -gestiegen.

S. 108/109: Die Ilkahöhe oberhalb von Tutzing ist ein Aussichtsbalkon par excellence. Im November hat sich Nebel über die Tutzinger Bucht gelegt. Die Bayerischen Alpen wirken zum Greifen nahe.

S. 110: Morgenrot über dem Starnberger See bei Seeseiten

S. 111: Ein prächtiger Regenbogen spannt sich über den Starnberger See nahe Holzhausen.

Die Lichterprozession an Maria Himmelfahrt in Bernried gehört zu den schönsten Prozessionen in ganz Oberbayern. Bei Einbruch der Dunkelheit werden in den Fenstern der Häuser Kerzen angezündet. Das ganze Dorf beginnt zu leuchten.

Ostallgäu

Ein Bayern-Motiv wie aus dem Bilderbuch. Die kleine Kapelle am Hegratsrieder See, im Hintergrund die Tannheimer Alpen

Im Osten bildet der Lech die natürliche Grenze des Ostallgäus zum Pfaffenwinkel, im Westen grenzt der Grüntensee das Ostallgäu vom Oberallgäu ab. Heute wird das Ostallgäu oft als Königswinkel bezeichnet. Ein wirklich passender Name, war die Gegend am Fuße des Säulings doch ausgewiesenes Lieblingsgebiet König Ludwigs II. Er verbrachte hier nicht nur große Teile seines arg kurzen Lebens, sondern hinterließ mit Schloss Neuschwanstein auch ein kulturelles Erbe, das heute weltbekannt ist. Die Bezeichnung Königswinkel ist jedoch kein historischer Begriff. Entstanden ist der Name erst in jüngerer Zeit unter dem Eindruck des für die Region wichtigen Tourismus. Landschaftlich bietet das Ostallgäu wahrscheinlich so alles, was man unter dem Begriff »bayerische Bilderbuchlandschaft« zusammenfasst. Sanfte Hügel, glitzernde Seen, Kirchen und Kirchtürme und das alles vor der prachtvollen Kulisse der Ammergauer und Tannheimer Alpen. Den schönsten Blick auf diese Traumlandschaft bietet der Auerberg. Wie der Hohe Peißenberg im angrenzenden Pfaffenwinkel ist auch der 1055 Meter hohe Auerberg ein Inselberg des Alpenvorlandes. Auf seinem Gipfel thront weithin sichtbar das Kirchlein St. Georg. Jedes Jahr im April findet dorthin ein prächtiger Georgiritt statt. Südlich des Auerbergs reihen sich die Seen wie Perlen an einer Schnur. Die Ostallgäuer Seenplatte umfasst mehr als 30 Seen und Weiher. Zu den bekanntesten gehören der Hopfensee, auch Allgäuer Riviera genannt, der Alpsee, der Weißensee, der Bannwaldsee und als größter der Forggensee. Im Süden ragen die markanten Gipfel der Ammergauer und Tannheimer Alpen in den Himmel. Markanteste Gipfel sind dabei der Säuling und der Aggenstein.

Nähert man sich der Region von Osten, vom Bannwaldsee, dann wird man bald mit einem fantastischen Blick auf Neuschwanstein, Hohenschwangau, St. Coloman, Säuling und Tannheimer Alpen belohnt. Der alles beherrschende Berg ist dabei der Säuling, der Lieblingsberg von König Ludwig II. Ein paar Kilometer vor den beiden berühmten Schlössern steht frei auf dem Feld die Wallfahrtskirche St. Coloman, neben der Wallfahrtskirche St. Marinus am Irschenberg die wahrscheinlich meist fotografierte Kirche Bayerns. Es war der Wessobrunner Johann Schmuzer, der

Nebel hat sich über die Landschaft am Fuße des Auerbergs gelegt.

die Kirche erbaute. Altar und Stuck stammen ebenso von ihm. Bevor man sich aber zu den weltberühmten Schlössern Hohenschwangau und Neuschwanstein aufmacht, sollte man einen kleinen Abstecher auf den Tegelberg machen. Eine Gondelbahn bringt die Besucher in ein paar Minuten auf den Gipfel. Der Blick ist gigantisch. Im Süden ragen Säuling und Zugspitze in den Himmel, im Westen die Tannheimer Alpen, im Norden gleitet der Blick über die Ostallgäuer Seenplatte. Nun aber auf zu den Märchenschlössern. Insbesondere Neuschwanstein scheint nicht von dieser Welt. Man muss schon zweimal hinschauen, um zu begreifen, dass dieses Märchenschloss inmitten der mächtigen Bergwelt real ist. Die verschwenderisch ausgestatteten Säle, mit dem Sängersaal als besonderes Prunkstück, machen das Innere des Schlosses zu einem Augenschmaus. Schloss Hohenschwangau direkt daneben wirkt dagegen fast schlicht. An Stelle des heutigen Schlosses stand ursprünglich die Burg der Ritter von Schwangau. Die Burg verfiel jedoch nach dem Aussterben des Rittergeschlechts. Der damals 18-jährige Kronprinz Maximilian, der spätere König Maximilian, erwarb die Ruine und ließ das Schloss im spätgotischen Tudorstil errichten. Die Räume sind mit großflächigen Bildern ausgestattet, die Szenen aus der germanischen Geschichte und Sagenwelt zeigen. Weitere Sehenswürdigkeiten des Schlosses sind der Marienbrunnen, die Schlosskapelle und der Schlosspark.

Westlich der Königsschlösser liegt malerisch am Ufer des Lechs die Stadt Füssen. Das

Hohe Schloss der Fürstbischöfe beherrscht das Stadtbild von weitem. Im Inneren des Schlosses laden prächtige Architekturmalerei, die gotische Schnitzdecke im Rittersaal sowie die Bayerische Staatsgemäldesammlung zu einem Besuch ein. Die Altstadt von Füssen ist ebenfalls einen Besuch wert. Die Lüftlmalereien, die Giebelfluchten der engen Gassen, die gut erhaltene Stadtmauer mit den Rundtürmen laden zum Bummeln und Staunen ein.

Westlich von Füssen, vorbei am Weißensee, zu Füßen des Falkensteins, liegt das aus 13 Taldörfern bestehende Pfronten. Auf einer kleinen Anhöhe steht die Pfarrkirche St. Nikolaus, deren Innenausstattung überwiegend aus dem 18. Jahrhundert stammt. Die meisten

St. Coloman spitzt gerade so durch den dichten Nebel.

Leute kommen nach Pfronten, um zu wandern und bergzusteigen. Ein ausgedehntes Netz von Wanderwegen durchzieht die umliegende Bergwelt. Insbesondere eine Tour auf den markanten Aggenstein ist zu empfehlen. Der Blick von dort oben auf das Ostallgäuer Alpenvorland mit seinen vielen Seen und Weihern ist an klaren Tagen ein wahrer Augenschmaus. Wer nicht ganz so hoch hinaus will, der kann zur Deutschlands höchstgelegener Burgruine wandern. Falkenstein, auf 1268 Meter Höhe gelegen wurde im 30-jährigen Krieg zerstört und zählte zu den nächsten großen Projekten König Ludwigs II. Er erwarb die Ruine 1884, um dort eine neue Traumburg zu erschaffen. Leider kam sein mysteriöser Tod am Starnberger See dazwischen. Auf

Schloss Herrenchiemsee ist heute lediglich ein Modell dieses neuen Märchenschlosses zu bestaunen.

Wie Pfronten so ist auch das nur sechs Kilometer entfernte Nesselwang ein Fremdenverkehrsort ersten Ranges. Die Barockkirche St. Andreas bildet den Mittelpunkt des Ortes. Sie wurde im neubarocken Stil zwischen 1904 und 1906 aufgrund der Baufälligkeit und der geringen Größe neu errichtet. Die Innenausstattung ist im Stil des Neurokoko geschaffen worden. Nesselwang hat sich insbesondere dem Wintersport verschrieben. Die Alpspitzbahn Nesselwang führt von der Talstation in Nesselwang (911 Meter) über die Mittelstation (1193 Meter) zu einer auf 1500 Meter Höhe gelegenen Bergstation unterhalb der Alpspitze

Der Winter im Ostallgäu ist lang und hart. Nebenan ein eingeschneiter Weidezaun nahe Weißensee, rechts die verschneiten Tannheimer Alpen von Bayerniederhofen aus gesehen

Früh morgens am Hopfensee, im Hintergrund die Tannheimer Alpen

(1575 Meter) und dem Edelsberg (1629 Meter). Im Winter ist das Gebiet ein Dorado für Ski- und Snowboardfahrer, im Sommer können Wanderer ein weitläufiges Wandergebiet in Anspruch nehmen oder auf einer Sommerrodelbahn ins Tal rasen. Die herrlich gelegenen Seen Attelsee und Grüntensee laden an heißen Tagen zum Baden ein. Dem kunsthistorisch Interessierten sei die Besichtigung der Wallfahrtskirche Maria Trost empfohlen, die zu Fuß über den Kreuzweg oder über eine Mautstraße erreichbar ist.

Ein paar Kilometer weiter westlich geht das Ostallgäu ins Oberallgäu über.

Sonnenaufgang am Aggenstein, dem markantesten Gipfel der Tannheimer Alpen

S. 124/125: Anfang Mai hat der Frühling in den Tälern Einzug gehalten. Die Gipfel der Tannheimer Alpen müssen sich dagegen noch ein wenig gedulden.

Links: Langsam schiebt sich die aufgehende Wintersonne über die Berge (links der Säuling) und taucht das Ufer des Weißensees in goldenes Licht.

Der Auerberg ist wie der Hohe Peißenberg im benachbarten Pfaffenwinkel ein Inselberg im Alpenvorland mit gigantischer Aussicht.

Ein Gewitter ist über den Forggensee hin-
weggezogen.

Blick vom Auerberg Richtung Süden. Der Nebel verschluckt das Alpenvorland. Im Hintergrund ragt der markante Säuling in den Himmel.

Im Reich des Märchenkönigs: Schloss Hohenschwangau (oben) und Schloss Neuschwanstein (unten)

Zwei Ritte zu unterschiedlichen Anlässen und Jahreszeiten: Georgiritt auf den Auerberg im April (oben), St. Colomansritt vor Neuschwanstein im Oktober (unten)

Ober- und Westallgäu

Die Obstblüte am Bodensee Ende April ist ein wahrer Augenschmaus und bietet Traummotive für jeden Fotografen.

Das Oberallgäu kann getrost als das Herz des Allgäus bezeichnet werden. Wie das Berchtesgadener Land ganz im Osten genießt das Oberallgäu allein durch seine relativ abgeschiedene Lage, umgeben von den mächtigen Gipfeln der bis zu 2500 Meter hohen Allgäuer Alpen, einen besonderen Stellenwert. Im Norden des Oberallgäus, bei Altusried, erheben sich die sanften Hügelketten gerade einmal auf 700 Meter Höhe. Mit jedem Kilometer aber, den man nach Süden vorrückt, »wachsen« die Berge. Bei Immenstadt und Sonthofen werden schon zwischen 1300 und 1800 Meter erreicht, noch weiter im Süden, im Oberstdorfer Talkessel, erheben sich die »Allgäuer Riesen« auf weit über 2000 Meter Höhe. Der Oberstdorfer Talkessel ist das Kerngebiet

der Region. Allein zehn kleinere und größere Täler führen hier hinein. Eines davon, und wahrscheinlich das bekannteste, ist das Kleine Walsertal. Das Tal gehört zwar schon zu Österreich (Vorarlberg), ist aber nur von Oberstdorf aus zu erreichen. Vier Orte befinden sich im Tal: Riezlern, Hirschegg, Mittelberg und Baad, die zusammen zur Gemeinde Mittelberg gehören. Wichtigster Wirtschaftszweig ist mit Abstand der Tourismus, insbesondere der Wintersport. Der bekannteste Berg des Kleinwalsertals ist wohl der Hohe Ifen (2230 Meter) mit dem berühmten Gottesacker, eine unter Naturschutz stehende Karstlandschaft, die stark an eine Mondlandschaft erinnert. Unzählige Wanderwege führen vom Tal hinauf in die Allgäuer Berge. Fellhorn (2038 Meter), Kanzelwand (2058 Meter) und Walmerdinger Horn (1990 Meter) sind unter anderem mit Gondeln und Liften erschlossen, sodass auch weniger sportliche Besucher die Bergwelt von oben genießen können.

Zurück nach Bayern. Im Norden von Oberstdorf vereinen sich die Gebirgsbäche Breitach, Stillach und Trettach zur Iller. Im Süden erheben sich im Halbkreis um den Ort die bekanntesten Allgäuer Gipfel: Hochvogel, Großer Krottenkopf, Mädelegabel, Höfats, Widderstein, alles Berge von weit mehr als 2000 Metern Höhe. Berühmt sind die Allgäuer Alpen für ihre Grasberge. Was sich sanft und lieblich anhört, ist in Wirklichkeit unzugänglich, steil, schwierig. Wer schon einmal die steil abfallenden Wiesenflanken des Höfats im Oytal gesehen hat, der weiß, wovon ich spreche. Wer sich per pedes in die Bergwelt der

Eine Gruppe Haflinger vor der imposanten Kulisse der Allgäuer Alpen

Der Hafen von Lindau, im Hintergrund die prächtigen Häuserfronten der Altstadt

Allgäuer Alpen aufmachen möchte, der muss gut zu Fuß sein, sprich über ein gewisses Maß an Kondition verfügen. Die wenigstens Touren sind kurz, meist sind längere Angehwege erforderlich.

Aufgrund der speziellen Lage Oberstdorfes, im Windschatten der hohen Allgäuer Al-

pen, ist es leicht verständlich, dass der Ort zu den bekanntesten Ferienorten Bayerns gehört. Leider sind vom ursprünglichen Ortskern nur noch wenige Gebäude erhalten. Hierzu zählen lediglich das alte Rathaus und das Köcheler Haus, in dem heute das Heimatmuseum untergebracht ist. Das Oberall-

gäu ist als »Schneeloch« bekannt und so hat sich insbesondere der Wintersport zur wichtigsten Einnahmequelle entwickelt. Skipisten von mehr als 40 Kilometern und Langlaufloipen von 160 Kilometern Länge lassen das Herz eines jeden Wintersportbegeisterten höher schlagen. Jedes Jahr am 29. oder 30.

Dezember herrscht in Oberstdorf Ausnahmezustand, dann findet nämlich im Rahmen der berühmtberüchtigten Vierschanzentournee das Eröffnungsspringen auf der Schattenbergschanze statt. Tausende Zuschauer strömen dann in den kleinen Ort, um ihre Lieblinge fliegen zu sehen.

Sonnenuntergang über dem Bodensee, gesehen vom Pfänder, der schon auf österreichischer Seite gelegen ist

135

Sommers wie winters lockt ein ganz besonderes Naturjuwel die Massen an. Die Breitachklamm ist von Oberstdorf in knapp zwanzig Minuten Autofahrt erreichbar und zu jeder Jahreszeit eine Attraktion. Im Sommer stürzt sich die reißende Breitach die Klamm hinunter, im Winter sind lange Säulen aus Eis zu bewundern. Nördlich von Oberstdorf liegt die Kreisstadt Sonthofen, die wie Oberstdorf Luftkurort und Wintersportort ist. Das Zentrum ist die Marktstraße. Leider war der Ort im Zweiten Weltkrieg Ziel schwerer amerikanischer Luftangriffe, sodass viele der historischen Bauten den Bomben zum Opfer gefallen sind. Von Sonthofen führt die Deutsche Alpenstraße Richtung Osten ins Ostrachtal nach Bad Hindelang. Hindelang

S. 138/139: Nur ein paar Minuten leuchtete der Himmel derart intensiv rot. Dann war alles vorbei. Die Schneeschuhtour auf den Grünten, das frühe Aufstehen, die müden Beine … alles hat sich gelohnt.

Links: Was wäre das Allgäu ohne seine Kühe?

Im Oberallgäu sprießt der Löwenzahn erst spät. Mitte Mai sind dann ganze Wiesen in gelb getaucht.

Rechts: Eine grandiose Winterbilderbuchlandschaft bei Oberstdorf

Milliarden fliegender Eiskristalle ließen diese »Nebensonnen« am Fuße des Riedberger Horns entstehen.

verdankt seinen Wohlstand, wie so viele Orte des Alpenvorlandes, der Lage an der Salzstraße. Hindelang ist Ausgangspunkt für Wanderungen ins traumhaft schöne Hintersteiner Tal, das gen Süden mitten hinein in die Allgäuer Bergwelt führt. Das Tal ist Startpunkt für Touren auf den Hochvogel, einen der bekanntesten und markantesten Berge der Allgäuer Alpen.

Richtungswechsel. Von Sonthofen verläuft westwärts die Deutsche Alpenstraße (Bundesstraße 308) durch Immenstadt, vorbei am Großen Alpsee nach Oberstaufen. Hier beginnt das sogenannte Paradies, eine im Winter berüchtigte Passstraße, die schon vielen Autofahrern in der kalten Jahreszeit zum Verhängnis wurde. Die Landschaft wird jetzt

Nur langsam lichten sich die Schneewolken über dem Oberstdorfer Talkessel.

wieder lieblicher. Wir verlassen den Landkreis Oberallgäu und nähern uns dem Bodensee mit seinem fast schon mediterranen Klima. Die Obstbäume werden häufiger, die Landschaft wieder flacher. Bald ist Lindau erreicht, der westlichste Zipfel Bayerns. Berühmt ist Lindau in erster Linie für seine wunderschöne Altstadt, die auf der gleichnamigen Insel »mitten« im Bodensee gelegen ist. Die Altstadt hat eine Fläche von 0,68 Quadratkilometern und ca. 3.000 Einwohner. Die Insel ist durch einen Damm und eine Brücke mit dem Festland verbunden. Berühmt ist Lindaus Altstadt für ihren schönen Hafen.

Die Einfahrt zum Hafen, in dem u.a. die Bodensee-Schiffe aus Bregenz und Friedrichshafen anlegen, wird auf der Westsei-

te vom neuen Leuchtturm und vom Bayerischen Löwen auf der Ostseite begrenzt. Der sechs Meter hohe Löwe sitzt, auf seine Vorderpranken gestützt, auf einem dreistufigen Podest aus Nagelfluh und blickt zum Schweizer Ufer. Er wurde vor 1856 von Johann von Halbig in sechs Teilblöcken aus einem Kelheimer Marmorblock geschlagen und wiegt ca. 70 Tonnen. Die frühere Hafenmole wurde 1812 unter Verwendung von Blöcken aus Rorschacher Sandstein vom Kloster Mehrerau errichtet. Sie wurde 1986 wegen Einsturzgefahr vollständig abgerissen und in ihrer alten Form aus Südtiroler Sandstein neu erbaut. Die Mole ermöglicht einen Zugang zur Löwenstatue. Abgesehen vom Hafen lohnt sich ein Spaziergang durch die prachtvolle Altstadt mit ihren vielen kleinen Cafes, Läden und Restaurants.

Wer die Bodenseeregion zu ihrer schönsten Zeit erleben möchte, dem sei wärmstens der April empfohlen. Zu dieser Zeit stehen die Obstbäume in voller Blüte. Ein Meer aus weißen Blüten bedeckt die ganze Region, die Luft ist erfüllt vom Duft der Apfel-, Birnen- und Kirschbäume. Besonders schön sind die alten, knorrigen Obstbäume, die oft auf kleinen Bergrücken stehen und wie Relikte aus einer vergangenen Zeit wirken. Der Blick von den kleinen Hügeln über dem Ort Unterreitnau über den glitzernden Bodensee mit seinen vielen weißen Booten hinweg auf den schneebedeckten Säntis auf Schweizer Seite bildet einen wahrlich gebührenden Abschluss unserer Reise durch das Bayerische Alpenvorland.

Anfang September ist Viehscheid-Zeit. Der kurze Almsommer ist vorbei. Die Hirten treiben das Vieh zurück in die Täler und übergeben es an ihre Besitzer.

Der Viehscheid ist vorbei. Nach dem Almabtrieb werden die Glocken den Tieren abgenommen.

Umschlag vorn: Blick auf die Kirche von Holzhausen am Starnberger See, im Hintergrund (links) die Zugspitze

Umschlag hinten: Blick von der Ilkahöhe über die Tutzinger Bucht auf die Bayerischen Alpen, im Vordergrund die Kirche St. Nikolaus

S. 1: Morgenrot über dem Schwaigsee

S. 2: Rapsfeld bei Icking, im Hintergrund Benediktenwand und Karwendelgebirge

S. 3: Abendrot über dem Zugspitzmassiv, gesehen von der Peretshofener Höhe

Abdruck der Panoramakarte mit freundlicher Genehmigung des ALPEN-VERLAGS, München

Lektorat, Seitenlayout und Satz: BuchBetrieb Peggy Stelling, Leipzig

Bildbearbeitung: Fotoweitblick, Bad Aibling

Druck und Bindung: Printer Trento SRL

Printed in Italy

ISBN 978-3-475-54050-9